MCKINSEY 7S FRAMEWORK

Zwiększenie wydajności biznesowej, przygotowanie do zmian i wdrożenie skutecznych strategii

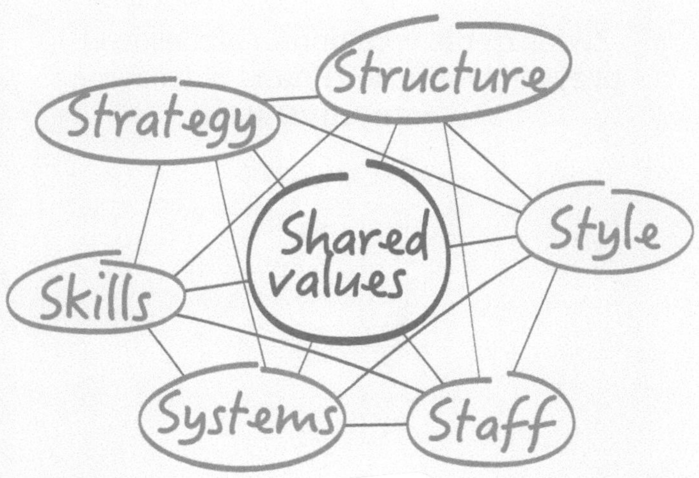

50MINUTES.com

MCKINSEY 7S FRAMEWORK

Zwiększenie wydajności biznesowej, przygotowanie do zmian i wdrożenie skutecznych strategii

napisany przez Anastasia Samygin-Cherkaoui
przetłumaczony przez Kâmil Kowalski

50MINUTES.com

MCKINSEY 7S FRAMEWORK

KLUCZOWE INFORMACJE

- **Nazwy:** 7S, 7-S Framework, the McKinsey 7S Framework.

- **Zastosowanie:** zarządzanie średnimi i dużymi organizacjami, adaptacja do zmian.

- **Dlaczego jest to skuteczne?** Jest łatwy do przedstawienia wizualnie i bardzo możliwy do zastosowania.

- **Słowa kluczowe:** organizacja, model, zarządzanie, zmiana.

WPROWADZENIE

Historia

Rama McKinsey 7S sięga lat 80. XX wieku, a po raz pierwszy została przedstawiona w artykule, którego współautorami byli Robert Waterman, Thomas Peters i Julien Philips, *Structure is not Organization* (1980). Pojawił się w czasach, gdy strategia i organizacja firmy były głównym przedmiotem zainteresowania. W rzeczywistości polega ona na przemyśleniu całej organizacji przedsiębiorstwa, a nie tylko na analizie stosowanych praktyk.

Dziś te wykresy i schematy – przepływowe, procesowe itp. – są rozpowszechnione w środowisku gospodarczym, ale w tamtych czasach był to łut geniuszu z dwóch powodów:

- po pierwsze, przedstawienie modelu w postaci atomu było zaskakująco oryginalne;

- po drugie, powtórzenie tej samej początkowej litery "S" dla każdego z elementów tworzy efekt aliteracji.

Obie te cechy ułatwiają zapamiętanie koncepcji i wizualizację struktury jej siedmiu elementów. Ostatecznie przyczyniają się do jej sławy i długowieczności.

Definicja pojęcia

Rama McKinsey 7S, opracowana przez firmę doradczą McKinsey, to narzędzie diagnozy organizacyjnej, przedstawione schematycznie w postaci atomu. Nazwa koncepcji podkreśla, za pomocą prostego aparatu mnemotechnicznego, zarówno liczbę elementów ramy, jak i jej części składowych, które wszystkie zaczynają się na literę "s".

WARTO WIEDZIEĆ

Założona w 1926 roku firma McKinsey to firma doradztwa strategicznego przedstawiana na wysokim poziomie, gdyż przeznaczona jest przede wszystkim dla firm działających na arenie międzynarodowej, na czele których nierzadko można spotkać byłych pracowników McKinsey.

TEORIA

Istotna część sukcesu McKinsey 7S Framework leży w przedstawieniu modelu w kształcie atomu: obraz ten jest dynamiczny i pokazuje proste i niemal oczywiste powiązania między tworzącymi go elementami. Nie odrzucając ich, dramatycznie dystansuje się od diagramów w kształcie łańcucha, które pokazują podział zadań i wzrost produktywności oparty na szybkim tempie, oraz od tradycyjnych piramidalnych wykresów przepływu, nawet jeśli te obecnie w coraz większym stopniu obejmują przepływy informacji.

Od lat 30. ubiegłego wieku badania podkreślają znaczenie interakcji międzyludzkich. Prowadzą one do nieuchronnego wniosku, że błędem jest wiara w jedynie zawodowe powiązania. W rzeczywistości między pracownikami lub grupami pracowników rozwijają się relacje i interesy, które wykraczają poza teoretyczne ramy struktury organizacyjnej. Relacje te mogą być z pewnością przyjacielskie, ale także często wpływowe. Innymi słowy, zależą one od zdolności danej osoby do zmiany zachowania innej, świadomie lub nie, w celu promowania swoich dążeń lub wartości. Nieprzewidywalne dla menedżerów, relacje te są niezwykle ważne, ponieważ są w stanie zmienić organizację jako całość. Każdy z nas może to potwierdzić, przypominając sobie sytuacje, w których jednostki w grupie zmieniały swoje zachowanie, co następnie modyfikowało wyniki wszystkich. Weźmy przykład ze sportu, gdzie zmiana trenera może prowadzić do różnych wyników, choć drużyna pozostaje ta sama i każdy jej członek zachowuje swoją funkcję.

Podobnie zmieniają się firmy, a co za tym idzie, ich potrzeby ulegają modyfikacji. Oczywiście podstawy pozostają te same: nadal istnieją firmy rodzinne, firmy o wysoce ustandaryzowanych zadaniach, firmy oparte na kompetencjach (gdzie zysk kapitałowy osiąga się np. dzięki usługom intelektualnym) oraz firmy zoriento-wane na wyniki. Zmiana, która następuje, jest wynikiem połączenia wcześniej istniejących modeli i pojawia się poprzez coraz bardziej hybrydowe struktury. Ponadto w większości przypadków mamy do czynienia z interna-cjonalizacją i globalizacją. Na przykład supermarket działa z pewną autonomią (każdy element struktury jest strukturą samą w sobie), ale jest częścią znacznie większej organizacji (w naszym przykładzie grupy naro-dowej), która go zawiera, a czasami jest również włą-czona do jeszcze większej struktury (poziom międzynarodowy).

To właśnie w tym kontekście pojawia się model 7S:

W praktyce reprezentacja ta podkreśla interakcję pomię-dzy różnymi komponentami, z których każdy jest powią-zany z innymi, ale z centralnym rdzeniem. Ten rdzeń zasługuje na uwagę przez jeden moment. Pierwotnie wewnętrzny krąg reprezentował "nadzwyczajne cele". Tony Athos (1934-2002), profesor Harvard Business School i bliski przyjaciel Roberta Watermana (współtwórcy modelu), wpadł na pomysł, aby zmienić te cele na "wspólne wartości". Wkład ten nie był bez znaczenia: zmodyfikował filozofię modelu, zastępując elementy perspektywiczne (cele) solidnymi fundamentami (wartościami).

Siedem określeń było wynikiem szerokiej refleksji i debaty i oczywiście nie zostało wybranych przypadkowo.

STRATEGIA

Strategia określa środki, które należy rozmieścić. W tym przypadku jej zdefiniowanie musi nastąpić przed wszystkimi innymi elementami. Jest ona formą odpowiedzi firmy na otoczenie: czy powinna ona redukować koszty, produkować w dużych ilościach, czy ukierunkować się na odbiorców? Rozszerzyć swoją działalność czy wyspecjalizować się? Czy jest agresywna wobec konkurentów, czy też stara się wyróżnić?

Widzimy, że strategia jest zarówno kluczowa, jak i potencjalnie wymagająca, ponieważ jest wynikiem interakcji między firmą a jej otoczeniem. Nie należy jednak działać pochopnie, ponieważ strategia kieruje wyborami, zwłaszcza w zakresie inwestycji, pozycjonowania produktów czy lokalizacji geograficznej. Dlatego nie może się ona nagle zmienić.

Istnieją trzy rodzaje strategii:

- przywództwo kosztowe

- zróżnicowanie (wartość)

- skupienie (nisza).

Słabo lub źle określona strategia może skutkować ciężkimi wyborami, nieuzasadnionymi inwestycjami, podkreśleniem pewnych umiejętności kosztem innych itp. Może to powodować pewien brak jedności: firma nie ma wtedy specjalizacji ani szczególnego punktu wyróżnienia. I odwrotnie, jasna strategia prowadzi do inwestycji i decyzji, które zmierzają w określonym kierunku. Jeśli strategia jest trafna, misja zakończyła się sukcesem. W przeciwnym razie jest prawdopodobne, że firma będzie się zmagać z reformą.

Aby to zobrazować, wrócimy do przykładu supermarketów: niektóre marki wyróżniają się niskimi cenami, inne są znane z jakości i oryginalności swoich produktów. Jeszcze inne nie mają żadnych szczególnie charakterystycznych cech. To samo rozumowanie można zastosować do komputerów czy telefonów: niektóre marki starają się wyróżnić, czy to poprzez swój styl, czy też poprzez własne unikalne specyfikacje techniczne. W ten sposób specjalizują się i zaspokajają potrzeby określonego typu użytkownika. Inne konkurują z różnymi podmiotami, które mają ugruntowaną pozycję na rynku i muszą się wyróżniać, grając na takich czynnikach (ewentualnie połączonych) jak cena czy akcesoria – aplikacje lub inne materialne lub niematerialne dodatki, które dają wrażenie przynależności do społeczności użytkowników (stąd rozwój takich ról jak community manager). Możemy jednak sądzić, że nawet jeśli są one przeznaczone dla potencjalnie większej grupy odbiorców, zatrzymują mniejszą liczbę klientów.

STRUKTURA

W przypadku rozwoju i zmian w modelach biznesowych zmienia się sama definicja struktury. Ponadto pracownicy powinni być edukowani, aby dostrzegali ogólną strategię firmy i sami decydowali, jak wpasują się w strukturę, czyli jak i z kim będą pracować.

Obecnie decentralizacja staje się coraz bardziej powszechna w sektorze przemysłowym. Podziały według funkcji i według produktów zostały w rzeczywistości wyparte przez inne możliwe segmentacje wykorzystujące kryteria takie jak kraje, regiony, rynki, populacje, rodzaje produktów itp. Co więcej, podziały te nie muszą się wzajemnie wykluczać (by wziąć przykład z supermarketów: marka może ustanowić podział geograficzny z poddziałami według produktu w ramach każdego podmiotu).

W tej sytuacji tym bardziej ważne jest, aby firma scentralizowała swoje wybory, choć generalnie strategia będzie unikalna dla każdego oddziału. Dzięki temu może ona działać globalnie, pozostawiając jednostkom innych szczebli możliwość rozwoju na ich własnym terytorium. Możemy to nazwać strukturą tymczasową, wykazującą względną elastyczność, gdyż jest ona bardziej polityczna lub warunkowa, czyli dostosowuje się do otoczenia.

Według strukturalizmu stosunki społeczne są zorganizowane w konstrukcje społeczne, bez uświadomienia sobie nawet przez osoby w nie zaangażowane. W naukach humanistycznych pojęcie struktury pojawiło się we Francji w latach 50. XX wieku. Wiąże się ono dla myślicieli strukturalistycznych – mianowicie Émile'a Benveniste'a (1902-1976), Clause'a Lévi-Straussa (1908-2009), Rolanda Barthesa (1915-1980) i Laurice Godelier (ur. 1934) – z podkreśleniem organizacji, w której dominują relacje.

W biologii jedną z osobliwości struktury jest to, że podlega ona samoistnej regulacji.

Podobnie struktura dostosowuje się do wydarzeń, które napotyka. Aspekt relacji jest dominujący. O ile pojęcie "systemu" przewidywało istniejące wcześniej elementy, między którymi zachodziły różne relacje, o tyle strukturalizm idzie niejako o krok dalej: tutaj konstrukcje społeczne są wynikiem zbioru abstrakcyjnych reguł, a pochodzenie struktury łączy się z jej działaniem, tak że wszelkie zakłócenia powodują spontaniczną adaptację.

SYSTEMY

Pojęcie to odnosi się do procedur i operacji, które składają się na codzienne funkcjonowanie przedsiębiorstwa. W pewnym sensie polega ono na śledzeniu lub kontroli: systemów budżetowych, kontroli przestrzegania procedur wewnętrznych, zegarka prawnego itp.

Strategia, która nie uwzględnia tych procedur, jest skazana na porażkę, niezależnie od jej trafności, ponieważ ignoruje rzeczywiste funkcjonowanie przedsiębiorstwa. Również, jeśli zdecydujesz się na zmianę funkcjonowania firmy lub po prostu na jej analizę, nie zaniedbuj procedur i śledzenia pewnych aspektów.

PERSONEL

Pojęcie personelu odnosi się do zespołu, w szerokim znaczeniu: faktycznie obejmuje umiejętności, wiedzę, programy szkoleniowe, motywację, zachowanie, płace, hierarchię, ocenę i awans jednostek. W rzeczywistości odnosi się do kompleksowego zarządzania ludźmi.

STYL

Ta cecha, podobnie jak w przypadku pracowników, opiera się na rozróżnieniu poziomów, ponieważ oznacza podkreślenie zachowań menedżerów najwyższego szczebla. To rozróżnienie między menedżerami a personelem może być godne pożałowania, ponieważ oddziela ich od siebie, chociaż konieczne jest uznanie potencjalnego wpływu zmiany lidera na grupę. Niektórzy będą oponować, że znaczenie stylu nie pochodzi tylko od liderów. Jest kilka przykładów, które to pokazują: w drużynie sportowej jeden zawodnik może mieć silniejszą osobowość lub wyraźniejszy styl niż trener. Podobnie w kinie, rola drugoplanowa może mieć większy wpływ niż rola główna. Ale czy reżyser nie wykorzystuje swojej wiedzy, by pozwolić tym postaciom wyrazić siebie? A co z grą sił w świecie polityki?

WARTO WIEDZIEĆ: TOP MANAGEMENT I TOP MENEDŻEROWIE

Top management odnosi się do najwyższego szczebla funkcji wykonawczych w firmie prywatnej lub publicznej. Top menedżerowie to często silne osobowości, zdolne do jednoczenia swoich zespołów i dzielenia się wizją przyszłości oraz środkami do osiągnięcia tych celów. Jeśli podejmują decyzje dotyczące strategii i celów biznesowych, muszą również (teoretycznie) ponosić za nie odpowiedzialność: są jedyną osobą odpowiedzialną za sukces lub porażkę swojej polityki.

UMIEJĘTNOŚCI

Termin "umiejętności" może odnosić się również do wiedzy, ponieważ obejmuje know-how i umiejętności interpersonalne. I znów pojęcie to jest podobne do pojęcia personelu i strategii, ale nie do końca.

Umiejętności obejmują:

- specyfika firmy lub marki (elementy, które odróżniają lub mają odróżniać firmę od konkurencji);

- umiejętności personelu: firma poszukuje pracowników o postawach i umiejętnościach, które mogą przekazać i wzmocnić jej wartości.

Dlatego też koncepcja ta zakłada podkreślenie związków między cechami zaangażowanych ludzi a cechami struktury, w której działają i do której rozwoju się przyczyniają.

WSPÓLNE WARTOŚCI

U podstaw tego modelu leżą wspólne wartości. Jeden z zarzutów wysuwanych wobec strukturalizmu wskazuje na zaniedbanie wobec pracowników, którzy są traktowani w pewnym sensie po prostu jako elementy struktury. W odpowiedzi na to kilku socjologów, z Pierre'em Bourdieu (1930-2002) na czele, postawiło sobie za cel przewartościowanie pracowników, nie w takim stopniu, aby mogli być wolni od struktur, ale uwzględniając zakres ich doświadczenia i działania jako integralną część rzeczywistości struktury.

Z pewnością nie każdy ma szczęście mieć wybraną pracę lub sytuację. Jednak musi istnieć minimum wspólnych wartości, czy to w postaci jakości usługi lub produktu, czy nawet zaangażowania firmy w konkretną sprawę. Wyobraź sobie, że pracujesz w sklepie, w którym we wtorek cofasz całą pracę, którą wykonałeś w poniedziałek. Dopóki ignorujesz bezsensowność swojej pracy, istnieje duża szansa, że będziesz w stanie kontynuować pracę, ze zmienną motywacją, być może nawet z celami w postaci wydajności lub jakości. Z drugiej strony, co by się stało, gdybyś uświadomił sobie całkowitą absurdalność tego, czego się od ciebie wymaga? Czy będziesz kontynuował pracę? Jak długo? W jakich warunkach? Podobnie wspomnieliśmy o strategii i zarządzaniu: zmiana na tym poziomie może wywołać niezadowolenie pracowników (strajki, zwiększona nieobecność, niższa wydajność, obniżona jakość pracy, odejście pracowników, którzy mają taką możliwość itp.) Każdy, kto to przeczyta, będzie mógł pomyśleć o przykładach z teraźniejszości lub przeszłości, które ilustrują, jak wartości, które nie są już powszechnie podzielane, powodują napięcia lub podziały.

Najważniejszy jest tu związek między wartościami firmy (przekazywanymi przez zbiór osób) a wartościami firm (lub przedsiębiorstw) jako organizacji handlowych lub członkowskich. Moglibyśmy mówić o Firmach (z małą literą "c") i Przedsiębiorstwach (z dużą literą "C"), przy czym wartości pierwszej z nich są w istocie odmianą wartości drugiej, w stosunku do której muszą mieć sens.

WNIOSEK

Ponieważ wszystkie elementy modelu są ze sobą powiązane, zmiana jednego z nich bezpośrednio oddziaływuje na wszystkie pozostałe. Rama ta musi być zatem zawsze traktowana jako dynamiczna. Jej ilustracja, w postaci atomu, pozwala użytkownikowi zastosować model zaczynając od dowolnego elementu, w zależności od dostępnych informacji i pozycji użytkownika, nawet jeśli centralny składnik wspólnych wartości jest znaczący.

Podsumowując, po analizie ram McKinsey 7S można uzyskać ogólne wyobrażenie o podstawach funkcjonowania przedsiębiorstwa lub organizacji.

OGRANICZENIA I ROZSZERZENIA

OGRANICZENIA I KRYTYKA

Zgodnie z artykułem założycielskim ram McKinsey 7S, *Structure is not Organization* (1980), nawiązującym do belgijskiego malarza surrealisty René Magritte'a (1898-1967), reprezentacja czegoś nie jest tym samym. Przez rozszerzenie, ta schematyczna reprezentacja organizacji, tak praktyczna i przemyślana, nie jest w rzeczywistości organizacją. Tak więc rama 7S McKinseya nie różni się od żadnej innej, jest kamieniem filozoficznym sukcesu w biznesie. Ponieważ jednak integruje informacje subiektywne (zawarte we wspólnych wartościach, zespole, umiejętnościach itp.), uważamy, że model ten może lepiej niż inne dostosować się do konkretnego przypadku każdej firmy, ponieważ jest w stanie zintegrować specyficzny parametr "kultury firmy". Najwyższe kierownictwo, podlegające uwadze z jego własnym komponentem (stylem), może być nadreprezentowane, ponieważ w pewnym stopniu mogłoby być również włączone do "personelu".

Zgodnie z założeniami actionist design, podkreślającymi znaczenie relacji międzyludzkich, teoria organizacji, w której rezyduje rama 7S, jest tylko jedną z części teorii działania, rozwijanej przez socjologów takich jak Max Webster (1864-1920) w Niemczech, Talcott Parsons (1902-1979) w USA czy Michael Crozier (1922-2013) i Erhard Friedberg (ur. 1942) we Francji.

👁 WARTO WIEDZIEĆ: TEORIA DZIAŁANIA

Według tej teorii każda konstrukcja społeczna jest rozumiana poprzez działania zaangażowanych w nią osób. Relacje władzy odróżnia się od czystych relacji dominacji: władza jednostki to jej zdolność do wpływania na innych. Oczywiście zdolność ta jest nierównomierna, ale może ona generować obszary niepewności, a więc i władzy, nie odchodząc od ustalonych reguł (pozostając zatem w ramach systemu działania, czyli w grze).

POWIĄZANE MODELE

Biorąc pod uwagę sukces schematycznych ram, niektórzy odzyskują istniejące modele, aby dostosować je do własnych firm. W prezentacjach menedżerów regularnie pojawiają się ramy takie jak 7S. W zarządzaniu, flowcharts – diagramy pokazujące działanie jako całość – i arkusze procesów ujawniają podobne rozumowanie.

Coraz więcej modeli zamierza także grać na dźwiękach, stosując aliterację lub pytania (kto, kiedy, jak, ile), aby zapadać w pamięć.

Naszym zdaniem w ramach McKinsey 7S liczy się dokładne przedstawienie wzajemnych powiązań między poszczególnymi koncepcjami, a także uwzględnienie znaczenia relacji międzyludzkich – nie przeszkadza to w praktyce każdemu robić to na swój sposób. Odwołanie się do sprawdzonego modelu nie oznacza jednolitego jego stosowania.

PRAKTYCZNE ZASTOSOWANIE

PORADY I NAJWAŻNIEJSZE WSKAZÓWKI

Konkretnie, co oznacza decyzja o stworzeniu lub zreformowaniu 7S w firmie w kontekście projektu?

Od czego zacząć?

Przypadek 1: Rozpoczęcie działalności gospodarczej

Gdybym jutro stworzył firmę, prawdopodobnie przyjąłbym podejście intelektualne. W pozycji "meta", gdzie jestem zarówno aktorem, jak i zewnętrznym obserwatorem, określiłbym swoją strategię, zadając najpierw następujące pytania:

- Czym jest mój produkt?

- Jaka jest moja pozycja w stosunku do moich (potencjalnych) konkurentów?

Teoretycznie zapewne wtedy pojawiłyby się pytania o wartości, a następnie o pozostałe elementy modelu. W praktyce jednak widać, że nie zawsze mamy możliwość postępowania w ten sposób.

Przypadek 2: Funkcjonujące już przedsiębiorstwo

W istniejącej strukturze bardziej zasadne wydaje się rozpoczęcie od rdzenia atomu, czyli wartości. W rzeczywistości są one bowiem efektywnie najniższym wspólnym mianownikiem członków firmy. Tak więc refleksja nad wspólnymi wartościami w pierwszej kolejności w oczywisty sposób wyjaśni, co jest wspólne dla pracowników. Oczywiście odpowiedź na pytanie o wartości i decyzja o częściowej modyfikacji ich treści może oddziaływać na strategię, jak i na wszystko inne. Na przykład: czy powinniśmy utrzymywać usługę, która nie generuje przychodów? Spontanicznie możemy pokusić się o odpowiedź negatywną. Ale w przypadku usługi medycznej czy transportowej pytanie to nabiera innego znaczenia.

Realizacja projektu

W przypadku tworzenia projektu zmiany w istniejącej strukturze warunkiem koniecznym jest dialog z pracownikami. Działanie odwrotne, swoiste podejście "top down", sprowadza się do chęci uszczęśliwienia innych osób wbrew sobie. Reżimy totalitarne wielokrotnie pokazały, że ten system nie działa. Nawet jeśli pożądana zmiana jest istotna, to metoda zastosowana do jej osiągnięcia może skazać ją na porażkę.

Teraz, gdy znamy już nieco lepiej biznes, musimy zadać odpowiednie pytania, aby zrealizować nasz projekt:

- Jakie są poszczególne etapy tego procesu?

- Jakie są środki finansowe i zasoby (personel i umiejętności) potrzebne do osiągnięcia tego celu?

- Co jest szczególnego w tej strukturze?

- Co odróżnia ją od konkurencji?

- Jak wpływa na tych, którzy wchodzą z nim w interakcję?

Odpowiadając na te pytania, określamy lub redefiniujemy styl firmy, który jest bezpośrednio związany z jej wartościami. Z kolei strategia nie może być określona bez uwzględnienia wartości, umiejętności i otoczenia (konkurencji), w którym będzie się rozwijać.

Ocena projektu

Do oceny projektu niezbędna jest analiza systemu (monitoringu i procedur) w celu uzyskania kompleksowego obrazu całej firmy, z jej zaletami i wadami.

Refleksja nad kryteriami 7S nieuchronnie prowadzi do utrzymania lub modyfikacji struktury, która stanowi ramy działania.

Postawione pytania i udzielone odpowiedzi ilustrują wzajemne powiązania różnych koncepcji w ramach McKinsey 7S. Jeśli w końcu stwierdzimy, że wszystkie elementy zostały uwzględnione, to dokładne określenie, co wchodzi w skład tego czy innego elementu, może czasem wydawać się skomplikowane. Najważniejsze jest pamiętanie, aby nie zaniedbać żadnego aspektu modelu.

STUDIUM PRZYPADKU

Przyjrzymy się teraz firmie X, podmiotowi działającemu w sektorze publicznym, a więc przedsiębiorstwu publicznemu. Różne raporty zewnętrzne wskazują na poważne problemy z zarządzaniem, których głównymi wskaźnikami są:

- zmniejszenie płynnych aktywów;

- wadliwe zarządzanie zasobami ludzkimi, polegające na ciągłym wzroście liczby pracowników w ciągu kilku lat przy niezmienionej usłudze;

- płaca równa 50% obrotu.

X, spółka publiczna, podlega pewnej kontroli i musi odpowiadać za budzące wątpliwości kwestie w swoim zarządzaniu. Powoduje to napięcia między spółką a jej nadzorem administracyjnym. Jednocześnie, wewnętrznie, spółka przeżywa zmianę przewodniczącego Rady Dyrektorów (BOD).

Chcąc uspokoić nadzór administracyjny, a być może także nieco się od niego uwolnić, BOD, pod kierownictwem nowego przewodniczącego, decyduje się na wezwanie zewnętrznego konsultanta w celu przeprowadzenia kompleksowej analizy zaistniałej sytuacji.

Konsultant (powołany przez sektor publiczny) dobrze zna ramy McKinsey 7S.

- Zaczyna od szybkiej wstępnej analizy sytuacji, głównie finansowej: przychody i zmiany wyników w ostatnich latach, analiza głównych pozycji kosztowych, masa operacyjna brutto itp. Jego ustalenia nie tylko pokrywają się z ustaleniami nadzoru administracyjnego, ale wzmacniają je, przedstawiając znacznie poważniejsze wyniki.

- Po dokonaniu tej pierwszej "oficjalnej" obserwacji, gdyż realizacja raportu głównie finansowego nie wymaga specjalnie obecności na miejscu, pracuje on w firmie i prowadzi warsztaty z menedżerami najwyższego szczebla. Pokazuje to szereg nowych ustaleń, które uwydatniają braki w organizacji i logistyce, wewnętrzne napięcia, problemy kompetencyjne itp.

- Gdy konsultant jasno zrozumie misje i cele firmy, jego zadaniem jest przedstawienie konkretnych zaleceń. Zaproponowane rozwiązania są wynikiem warsztatów, a więc są w porozumieniu lub partnerstwie z pracownikami firmy i zostaną częściowo wdrożone.

- W ten sposób X zostanie poddany gruntownej reorganizacji: choć nieuniknione odejście znacznej części personelu (jednej trzeciej pracowników) w drodze redukcji etatów lub wcześniejszych emerytur jest dużym obciążeniem społecznym, nie spowoduje strajku.

Obserwując podejście konsultanta, uświadamiamy sobie, że rozpoczyna on swoje rozważania wychodząc od rdzenia ramy 7S. Najpierw rozważa wartości podzielane przez pracowników podczas wykonywania pracy. Następnie koncentruje się na pracownikach oraz ich cechach i wadach. Problemy analizuje w świetle rozbieżności między systemem (np. procedurami) a personelem. Pokazuje to na przykład, że niektóre misje nie są jasno sprecyzowane lub są częściowo wykonywane dwukrotnie, a wielu brakuje narzędzi lub umiejętności do wykonywania powierzonych im zadań.

Wyjaśniając wewnętrzne procedury, konsultant pracuje nad systemem, ale jednocześnie nad kompetencjami.

Jest on również świadomy wielu napięć, związanych z różnymi osobowościami, ale także z zewnętrznymi czynnikami politycznymi. Jak już powiedzieliśmy, liczba pracowników wzrosła gwałtownie i szybko, bez zmian w świadczonych usługach. Ze względu na upolitycznienie BOD (firmy publicznej), niektórzy pracownicy wydają się mniej "kompetentni" niż inni. W tej konkretnej sytuacji konsultant pracuje z dwoma nowo przybyłymi członkami zarządu, na których te kwestie legalności nie mają wpływu: kierownikiem finansowym i przewodniczącym rady nadzorczej.

Pomimo dynamiki pracy, a nawet w pewnym stopniu z jej powodu, między niektórymi pracownikami, w tym samym dyrektorem firmy, powstają napięcia i podziały. Dyrektor czuje utratę legitymizacji, wiele jego decyzji i działań jest kwestionowanych. Tymczasem przewodniczący jest również zaangażowany: działa jako łącznik między pracownikami a Radą Nadzorczą i wykonuje ważną pracę, która prowadzi do rewitalizacji całej Rady Nadzorczej, z lepszą informacją i większym zaangażowaniem członków. Te napięcia ujawniają, że pracując nad systemem, konsultant wstrząsnął strukturą. Praca "w terenie" zmusiła strukturę do dostosowania się do nieuniknionej i ważnej reorganizacji.

Kierowani przez nowych menedżerów, stosując się do zaleceń konsultanta i mając poparcie większości pracowników niższego szczebla, menedżerowie - BOD - mogą na nowo zdefiniować strategię firmy. Z pewnością misje określają organiczne ramy, ale sposób działania na nich zależy od nich. W tym przypadku strategia wygląda następująco:

* dostosowanie metody;

* wyznaczanie celów zgodnych z misją przedsiębiorstwa i wartościami, które stanowią jej podstawę. Ponieważ jest to spółka akcyjna świadcząca usługi i nie pozycjonowała się na rynku w stosunku do podmiotów prywatnych, aspekt strategiczny jest bardziej ograniczony.

Jeśli chodzi o styl, zmiana przewodniczącego jest czynnikiem decyzyjnym: pewien dynamizm i nowe zaangażowanie ożywiają teraz ten organ zarządzający. Dyrektor, który został postawiony w stan oskarżenia z powodu niedociągnięć, o których była mowa w różnych raportach, a który nie uczestniczył w pracach konsultanta, jest odizolowany. Opuszczony przez zarząd, zdecydował się opuścić firmę w ramach planu wcześniejszej emerytury, a kierownik finansowy natychmiast go zastąpił. W pewnym sensie zatoczyliśmy pełne koło, ponieważ kierownik finansowy i prezes byli dwiema głównymi osobami, które miały do czynienia z konsultantem.

Pamiętaj, że reorganizacja firmy X została zakończona bez starć społecznych (bez strajków w szczególności). Dziś klimat społeczny jest znacznie lepszy niż miało to miejsce dawniej. Przebiega on bardziej harmonijnie dzięki redefinicji zadań i usług. Do uregulowania pozostają jednak pewne szczegóły, w tym fakt, że wciąż brakuje wewnętrznie pewnych umiejętności. Przyczyny tego stanu rzeczy są różne:

- Po pierwsze, obecna kadra jest generalnie niedostatecznie wykwalifikowana.

- Po drugie, z punktu widzenia przepisów, ponieważ przedsiębiorstwo przeprowadzające poważną restrukturyzację nie może zatrudnić nowych pracowników w ciągu najbliższych trzech lat, konieczne jest ustalenie, ilu pracowników jest potrzebnych do kontynuowania działalności przedsiębiorstwa i poziomu usług. Takie podejście polega na obliczeniu pożądanej liczby odejść w celu utworzenia małego zespołu, niekoniecznie posiadającego wszystkie wymagane umiejętności.

Na koniec podkreślamy fakt, że konsultant rozpoczął swoje rozważania od środka atomu 7S (wspólne wartości), czyli od tego, co łączy wszystkich pracowników. Następnie "podróżował" po ramie, co jest całkowicie dopuszczalne. Wzajemne powiązania komponentów i brak hierarchii stanowią, naszym zdaniem, jedną z głównych zalet modelu.

PODSUMOWANIE

- Rama McKinsey 7S to organizacyjny model diagnostyczny wykorzystywany w zarządzaniu, szczególnie podczas wdrażania nowych projektów lub zmian, które mają zajść w firmie. Jego sukces wynika z faktu, że pozwala rozpatrywać ciekawy zestaw parametrów i podkreśla ich wzajemne oddziaływanie.

- Pojawiający się w latach 80. XX wieku model jest efektem zmian w naukach społecznych (strukturalizm i wzmocnienie relacji społecznych) oraz w gospodarce (modyfikacja struktur handlowych i biznesowych prowadząca do hybrydyzacji i internacjonalizacji firm).

- Teoretykami ramy McKinsey 7S są Robert Waterman, Thomas Peters i Julien Philips.

- Zaletą tego modelu jest uwzględnienie interakcji pomiędzy różnymi aspektami tworzącymi organizację. Ponadto nacisk kładzie się na relacje międzyludzkie i aspekt jakościowy.

- Jednak model ten, podobnie jak wszystkie inne, nadal traktowany jest jako narzędzie, a nie cel sam w sobie. Ponadto, biorąc pod uwagę wagę, jaką przywiązuje do relacji międzyludzkich, wspólnych wartości i zarządzania, daje pierwszeństwo kryteriom subiektywnym lub danym jakościowym. W związku z tym niektórzy preferują podejścia, które są bardziej skoncentrowane na danych ekonomicznych i ilościowych.

PRZECZYTAJ TAKŻE

BIBLIOGRAFIA

Bajoit, G. (1992) *Pour une sociologie relationnelle*. Paris: PUF.

Bourdieu, P. (1979) *La Distinction – critique sociale du jugement*. Paris: Éditions de Minuit.

Bourdieu, P. (2002) *Questions de sociologie*. Paris: Éditions de Minuit.

Crozier, M. i Friedberg, E. (1977) *L'Acteur et le Système*. Paris: Seuil.

Desveaux, E. (2008) *Au-delà du structuralisme. Sześć méditations sur Claude Lévi-Strauss*. Paris: Complexe.

Lévi-Strauss, C. (2003) *Anthropologie structurale*. Paris: Pocket.

Strona Toma Petersa: http://tompeters.com/

Waterman, R. H., Peters, T. J. i Philips, J. R. (1980) Structure is not Organization. *Business Horizons*. 23(3), pp. 14-26.

Chcemy usłyszeć od Ciebie, co się dzieje!
Zostaw komentarz na temat swojej internetowej biblioteki
i podziel się swoimi ulubionymi książkami w mediach społecznościowych!

Master ISBN : 9782808066419
Papierowy ISBN : 9782808069069
Depozyt prawny: D/2022/12603/141

Projekt cyfrowy: Primento – cyfrowy partner wydawców.